中华经典
诵读本

第 一 辑

声律启蒙 笠翁对韵

简体横排
大字注音
全本收录

谦德书院○编

团结出版社

© 团结出版社，2024 年

图书在版编目（CIP）数据

中华经典诵读本 . 第一辑 / 谦德书院编 . — 北京：
团结出版社 , 2024. 11. — ISBN 978-7-5234-1194-0

Ⅰ . K203-49

中国国家版本馆 CIP 数据核字第 20249Z01J3 号

责任编辑：王思柠
封面设计：萧宇岐

出　版：团结出版社
　　　　　（北京市东城区东皇城根南街 84 号 邮编：100006）
电　话：（010）65228880 65244790
网　址：http://www.tjpress.com
E-mail：zb65244790@vip.163.com
经　销：全国新华书店
印　装：天宇万达印刷有限公司

开　本：145mm×210mm　32 开
印　张：27　　　　　　　　字　数：350 千字
版　次：2024 年 11 月 第 1 版　印　次：2024 年 11 月 第 1 次印刷

书　号：978-7-5234-1194-0
定　价：180.00 元（全九册）
　　　　（版权所属，盗版必究）

出版说明

中华文明，有着五千多年的悠久历史，是世界上唯一流传至今、没有中断的文明。中华文明价值中最为重要的，就是祖先给我们留下的大量经典。这些典籍，薪火相传，一直流淌在中国人的血液中。

近年来，由于全社会对于弘扬中华优秀传统文化的高度重视，在大量志士仁人的努力推动下，中华传统文化逐渐迎来了复兴的春天。在此背景下，我们编辑出版了这一套《中华经典诵读本》，旨在弘扬中华优秀传统文化，延续传统，推动读经教育的普及。

本套读本采用简体、大字、横排、注音的形式，选择经典若干种，陆续分辑出版。采用简体横排，旨在顺应现代读者的阅读习惯。

大字，旨在方便儿童认识汉字，减少视觉疲劳。注音采用汉语拼音，旨在保证初学者读音准确。整套读本的经文底本和注音均参考历代注疏和诸家版本，严加校正，以求最善。

这套书不仅适合广大少年儿童作为读经教材，即便是成年人，读诵这些经典，也是大有益处的。古人云："旧书不厌百回读。"我们期待着，

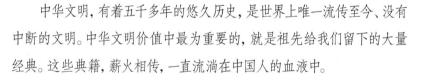

这些典籍能够家弦户诵,朗朗的读书声能传遍中华大地,让古老的中华文明,重新焕发出新的活力。

目 录

目录

二

目
录

shēng lǜ qǐ méng
声律启蒙

qīng chē wàn yù zhù
清·车万育 著

扫一扫　听诵读

上卷
<small>shàng juàn</small>

一 东
<small>yī dōng</small>

云对雨，雪对风，晚照对晴空。来鸿对去燕，宿鸟对鸣虫。三尺剑，六钧弓，岭北对江东。人间清暑殿，天上广寒宫。两岸晓烟杨柳绿，一园春雨杏花红。两鬓风霜，途次早行之客；一蓑烟雨，溪边晚钓之翁。

沿对革，异对同，白叟对黄童。江风对海雾，牧子对渔翁。颜巷陋，阮途穷，冀北对辽东。池中濯足水，门外打头风。梁帝讲经同泰寺，汉皇置酒未央宫。尘虑蒙心，懒抚七弦绿绮；霜华满鬓，羞看百炼青铜。

贫对富，塞对通，野叟对溪童。鬓皤对眉绿，齿皓对唇红。天浩浩，日融融，佩剑对弯弓。半溪流水绿，千树落花红。野渡燕穿杨柳雨，芳池鱼戏芰荷风。女子眉纤，额下现一弯新月；男儿气壮，胸中吐万丈长虹。

二　冬

春对夏，秋对冬，暮鼓对晨钟。观山对玩水，绿竹对苍松。冯妇虎，叶公龙，舞蝶对鸣蛩。衔泥双紫燕，课蜜几黄蜂。春日园中莺恰恰，秋天塞外雁雍雍。秦岭云横，迢递八千远路；巫山雨洗，嵯峨十二危峰。

明对暗，淡对浓，上智对中庸。镜奁对衣笥，野杵对村舂。花灼烁，草蒙茸，九夏对三冬。台高名戏马，斋小号蟠龙。手擘蟹螯从毕卓，身披鹤氅自王恭。五老峰高，秀插云霄如玉笔；三姑石大，响传风雨若金镛。

仁对义，让对恭，禹舜对羲农。雪花对云叶，芍药对芙蓉。陈后主，汉中宗，绣虎对雕龙。柳塘风淡淡，花圃月浓浓。春日正宜朝看蝶，秋风那更夜闻蛩。战士邀功，必藉干戈成勇武；逸民适志，须凭诗酒养踈慵。

三江

楼对阁，户对窗，巨海对长江。蓉裳对蕙帐，玉斝对银釭。青布幔，碧油幢，宝

jiàn duì jīn gāng zhōng xīn ān shè jì lì kǒu fù jiā bāng shì zǔ zhōng
剑对金缸。忠心安社稷，利口覆家邦。世祖中
xīng yán mǎ wǔ jié wáng shī dào shā lóng páng qiū yǔ xiāo xiāo màn làn
兴延马武，桀王失道杀龙逄。秋雨潇潇，漫烂
huáng huā dōu mǎn jìng chūn fēng niǎo niǎo fú shū lǜ zhú zhèng yíng chuāng
黄花都满径；春风袅袅，扶疏绿竹正盈窗。

jīng duì pèi gài duì chuáng gù guó duì tā bāng qiān shān duì
旌对旆，盖对幢，故国对他邦。千山对
wàn shuǐ jiǔ zé duì sān jiāng shān jí jí shuǐ cóng cóng gǔ zhèn duì
万水，九泽对三江。山岌岌，水淙淙，鼓振对
zhōng zhuàng qīng fēng shēng jiǔ shè hào yuè zhào shū chuāng zhèn shàng dǎo gē
钟撞。清风生酒舍，皓月照书窗。阵上倒戈
xīn zhòu zhàn dào páng xì jiàn zǐ yīng xiáng xià rì chí táng chū mò
辛纣战，道旁系剑子婴降。夏日池塘，出没
yù bō ōu duì duì chūn fēng lián mù wǎng lái yíng lěi yàn shuāng shuāng
浴波鸥对对；春风帘幕，往来营垒燕双双。

zhū duì liǎng zhī duì shuāng huà yuè duì xiāng jiāng cháo chē duì
铢对两，只对双，华岳对湘江。朝车对
jìn gǔ sù huǒ duì hán gāng qīng suǒ tà bì shā chuāng hàn shè
禁鼓，宿火对寒缸。青琐闼，碧纱窗，汉社
duì zhōu bāng shēng xiāo míng xì xì zhōng gǔ xiǎng chuāng chuāng zhǔ bù qī
对周邦。笙箫鸣细细，钟鼓响摐摐。主簿栖
luán míng yǒu lǎn zhì zhōng zhǎn jì xìng wéi páng sū wǔ mù yáng xuě
鸾名有览，治中展骥姓惟庞。苏武牧羊，雪
lǚ cān yú běi hǎi zhuāng zhōu huó fù shuǐ bì jué yú xī jiāng
屡餐于北海；庄周活鲋，水必决于西江。

四支 sì zhī

茶对酒，赋对诗，燕子对莺儿。栽花对
种竹，落絮对游丝。四目颉，一足夔，鸲鹆
对鹭鸶。半池红菡萏，一架白荼蘼。几阵秋
风能应候，一犁春雨甚知时。智伯恩深，国士
吞变形之炭；羊公德大，邑人竖堕泪之碑。

行对止，速对迟，舞剑对围棋。花笺对
草字，竹简对毛锥。汾水鼎，岘山碑，虎豹对
熊罴。花开红锦绣，水漾碧琉璃。去妇因探邻
舍枣，出妻为种后园葵。笛韵和谐，仙管恰从
云里降；橹声咿轧，渔舟正向雪中移。

戈对甲，鼓对旗，紫燕对黄鹂。梅酸对
李苦，青眼对白眉。三弄笛，一围棋，雨打

duì fēng chuī hǎi táng chūn shuì zǎo yáng liǔ zhòu mián chí zhāng jùn céng
对风吹。海棠春睡早，杨柳昼眠迟。张骏曾

wéi huái shù fù dù líng bú zuò hǎi táng shī jìn shì tè qí kě
为槐树赋，杜陵不作海棠诗。晋士特奇，可

bǐ yì bān zhī bào táng rú bó shí kān wéi wǔ zǒng zhī guī
比一斑之豹；唐儒博识，堪为五总之龟。

wǔ wēi
五　微

lái duì wǎng mì duì xī yàn wǔ duì yīng fēi fēng qīng duì
来对往，密对稀，燕舞对莺飞。风清对

yuè lǎng lù zhòng duì yān wēi shuāng jú shòu yǔ méi féi kè lù
月朗，露重对烟微。霜菊瘦，雨梅肥，客路

duì yú jī wǎn xiá shū jǐn xiù zhāo lù zhuì zhū jī xià shǔ kè sī
对渔几。晚霞舒锦绣，朝露缀珠玑。夏暑客思

qī shí zhěn qiū hán fù niàn jì biān yī chūn shuǐ cái shēn qīng cǎo àn
欹石枕，秋寒妇念寄边衣。春水才深，青草岸

biān yú fù qù xī yáng bàn luò lù suō yuán shàng mù tóng guī
边渔父去；夕阳半落，绿莎原上牧童归。

kuān duì měng shì duì fēi fú měi duì shèng féi shān hú
宽对猛，是对非，服美对乘肥。珊瑚

duì dài mào jǐn xiù duì zhū jī táo zhuó zhuó liǔ yī yī lǜ
对玳瑁，锦绣对珠玑。桃灼灼，柳依依，绿

àn duì hóng xī chuāng qián yīng bìng yǔ lián wài yàn shuāng fēi hàn zhì
暗对红稀。窗前莺并语，帘外燕双飞。汉致

tài píng sān chǐ jiàn zhōu zhēn dà dìng yì róng yī yín chéng shǎng yuè zhī
太平三尺剑，周臻大定一戎衣。吟成赏月之

诗，只愁月堕；斟满送春之酒，惟憾春归。

声对色，饱对饥，虎节对龙旗。杨花对桂叶，白简对朱衣。龙也吠，燕于飞，荡荡对巍巍。春暄资日气，秋冷藉霜威。出使振威冯奉世，治民异等尹翁归。燕我弟兄，载咏棣棠韡韡；命伊将帅，为歌杨柳依依。

六 鱼

无对有，实对虚，作赋对观书。绿窗对朱户，宝马对香车。伯乐马，浩然驴，弋雁对求鱼。分金齐鲍叔，奉璧蔺相如。掷地金声孙绰赋，回文锦字窦滔书。未遇殷宗，胥靡困傅岩之筑；既逢周后，太公舍渭水之渔。

终对始，疾对徐，短褐对华裾。六朝对

三国，天禄对石渠。千字策，八行书，有若对相如。花残无戏蝶，藻密有潜鱼。落叶舞风高复下，小荷浮水卷还舒。爱见人长，共服宣尼休假盖；恐彰己咎，谁知阮裕竟焚车。

麟对凤，鳖对鱼，内史对中书。犁锄对耒耜，畎浍对郊墟。犀角带，象牙梳，驷马对安车。青衣能报赦，黄耳解传书。庭畔有人持短剑，门前无客曳长裾。波浪拍船，骇舟人之水宿；峰峦绕舍，乐隐者之山居。

七　虞

金对玉，宝对珠，玉兔对金乌。孤舟对短棹，一雁对双凫。横醉眼，捻吟须，李白对杨朱。秋霜多过雁，夜月有啼乌。日暖园林花易赏，雪寒村舍酒难沽。人处岭南，善探巨象口中齿；客居江左，偶夺骊龙颔下珠。

贤对圣，智对愚，傅粉对施朱。名缰对利锁，挈榼对提壶。鸠哺子，燕调雏，石帐对郇厨。烟轻笼岸柳，风急撼庭梧。鹦眼一方端石砚，龙涎三炷博山炉。曲沼鱼多，可使渔人结网；平田兔少，漫劳耕者守株。

秦对赵，越对吴，钓客对耕夫。箕裘对杖履，杞梓对桑榆。天欲晓，日将晡，狡兔对妖狐。读书甘刺股，煮粥惜焚须。韩信武能平四海，左思文足赋三都。嘉遁幽人，适志竹篱茅舍；胜游公子，玩情柳陌花衢。

八　齐

岩对岫，涧对谿，远岸对危堤。鹤长对
凫短，水雁对山鸡。星拱北，月流西，汉露
对汤霓。桃林牛已放，虞阪马长嘶。叔侄去官
闻广受，弟兄让国有夷齐。三月春浓，芍药
丛中蝴蝶舞；五更天晓，海棠枝上子规啼。

云对雨，水对泥，白璧对玄圭。献瓜对
投李，禁鼓对征鼙。徐稚榻，鲁班梯，凤耷对
鸾栖，有官清似水，无客醉如泥。截发惟闻陶
侃母，断机只有乐羊妻。秋望佳人，目送楼
头千里雁；早行远客，梦惊枕上五更鸡。

熊对虎，象对犀，霹雳对虹霓。杜鹃对
孔雀，桂岭对梅谿。萧史凤，宋宗鸡，远近

duì gāo dī　　shuǐ hán yú bú yuè　　lín mào niǎo pín qī　　yáng liǔ hé

对高低。水寒鱼不跃，林茂鸟频栖。杨柳和

yān péng zé xiàn　　táo huā liú shuǐ wǔ líng xī　　gōng zǐ zhuī huān　　xián zhòu

烟彭泽县，桃花流水武陵谿。公子追欢，闲骤

yù cōng yóu qǐ mò　　jiā rén juàn xiù　　mèn yǐ shān zhèn yǎn xiāng guī

玉骢游绮陌；佳人倦绣，闷欹珊枕掩香闺。

jiǔ　jiā

九　佳

hé duì hǎi　　hàn duì huái　　chì àn duì zhū yá　　lù fēi duì

河对海，汉对淮，赤岸对朱崖。鹭飞对

yú yuè　　bǎo diàn duì jīn chāi　　yú yǔ yǔ　　niǎo jiē jiē　　cǎo lǚ

鱼跃，宝钿对金钗。鱼圉圉，鸟喈喈，草履

duì máng xié　　gǔ xián chóng dǔ hòu　　shí bèi xǐ huī xié　　mèng xùn wén

对芒鞋。古贤崇笃厚，时辈喜诙谐。孟训文

gōng tán xìng shàn　　yán shī kǒng zǐ wèn xīn zhāi　　huǎn fǔ qín xián　　xiàng

公谈性善，颜师孔子问心斋。缓抚琴弦，像

liú yīng ér bìng yǔ　　xié pái zhēng zhù　　lèi guò yàn zhī xiāng āi

流莺而并语；斜排筝柱，类过雁之相挨。

fēng duì jiǎn　　děng duì chā　　bù ǎo duì jīng chāi　　yàn háng duì

丰对俭，等对差，布袄对荆钗。雁行对

yú zhèn　　yú sài duì lán yá　　tiāo jì nǚ　　cǎi lián wá　　jú jìng duì

鱼阵，榆塞对兰崖。挑荠女，采莲娃，菊径对

tái jiē　　shī chéng liù yì bèi　　yuè zòu bā yīn xié　　zào lǜ lì āi

苔阶。诗成六义备，乐奏八音谐。造律更哀

qín fǎ kù　　zhī yīn rén shuō zhèng shēng wā　　tiān yù fēi shuāng　　sài shàng

秦法酷，知音人说郑声哇。天欲飞霜，塞上

有鸿行已过；云将作雨，庭前多蚁阵先排。

城对市，巷对街，破屋对空阶。桃枝对桂叶，砌蚓对墙蜗。梅可望，橘堪怀，季路对高柴。花藏沽酒市，竹映读书斋。马首不容孤竹扣，车轮终就洛阳埋。朝宰锦衣，贵束乌犀之带；宫人宝髻，宜簪白燕之钗。

十　灰

增对损，闭对开，碧草对苍苔。书签对笔架，两曜对三台。周召虎，宋桓魋，阆苑对蓬莱。薰风生殿阁，皓月照楼台。却马汉文思罢献，吞蝗唐太冀移灾。照耀八荒，赫赫丽天秋日；震惊百里，轰轰出地春雷。

沙对水，火对灰，雨雪对风雷。书淫对

传癖，水浒对岩隈。歌旧曲，酿新醅，舞馆对歌台。春棠经雨放，秋菊傲霜开。作酒固难忘曲糵，调羹必要用盐梅。月满庾楼，据胡床而可玩；花开唐苑，轰羯鼓以奚催。

休对咎，福对灾，象箸对犀杯。宫花对御柳，峻阁对高台。花蓓蕾，草根荄，剔藓对剜苔。雨前庭蚁闹，霜后阵鸿哀。元亮南窗今日傲，孙弘东阁几时开。平展青茵，野外茸茸软草；高张翠幄，庭前郁郁凉槐。

十一真

邪对正，假对真，獬豸对麒麟。韩卢对苏雁，陆橘对庄椿。韩五鬼，李三人，北魏对西秦。蝉鸣哀暮夏，莺啭怨残春。野烧焰

téng hóng shuò shuò　　xī liú bō zhòu bì lín lín　　xíng wú zōng　　jū wú
腾红烁烁，谿流波皱碧粼粼。行无踪，居无

lú　　sòng chéng jiǔ dé　　dòng yǒu shí　　cáng yǒu jié　　lùn zhù qián shén
庐，颂成酒德；动有时，藏有节，论著钱神。

āi duì lè　　fù duì pín　　hǎo yǒu duì jiā bīn　　tán guān duì
哀对乐，富对贫，好友对嘉宾。弹冠对

jié shòu　　bái rì duì qīng chūn　　jīn fěi cuì　　yù qí lín　　hǔ zhǎo duì
结绶，白日对青春。金翡翠，玉麒麟，虎爪对

lóng lín　　liǔ táng shēng xì làng　　huā jìng qǐ xiāng chén　　xián ài dēng shān
龙麟。柳塘生细浪，花径起香尘。闲爱登山

chuān xiè jī　　zuì sī lù jiǔ tuō táo jīn　　xuě lěng shuāng yán　　yǐ jiàn
穿谢屐，醉思漉酒脱陶巾。雪冷霜严，倚槛

sōng yún tóng ào suì　　rì chí fēng nuǎn　　mǎn yuán huā liǔ gè zhēng chūn
松筠同傲岁；日迟风暖，满园花柳各争春。

xiāng duì huǒ　　tàn duì xīn　　rì guān duì tiān jīn　　chán xīn duì
香对火，炭对薪，日观对天津。禅心对

dào yǎn　　yě fù duì gōng pín　　rén wú dí　　dé yǒu lín　　wàn dàn
道眼，野妇对宫嫔。仁无敌，德有邻，万石

duì qiān jūn　　tāo tāo sān xiá shuǐ　　rǎn rǎn yì xī bīng　　chōng guó gōng
对千钧。滔滔三峡水，冉冉一谿冰。充国功

míng dāng huà gé　　zǐ zhāng yán xíng guì shū shēn　　dǔ zhì shī shū　　sī
名当画阁，子张言行贵书绅。笃志诗书，思

rù shèng xián jué yù　　wàng qíng guān jué　　xiū zhān míng lì xiān chén
入圣贤绝域；忘情官爵，羞沾名利纤尘。

十二文

家对国，武对文，四辅对三军。九经对三史，菊馥对兰芬。歌北鄙，咏南薰，迩听对遥闻。吕公周太保，李广汉将军。闻化蜀民皆草偃，争权晋土已瓜分。巫峡夜深，猿啸苦哀巴地月；衡峰秋早，雁飞高贴楚天云。

歆对正，见对闻，偃武对修文。羊车对鹤驾，朝旭对晚曛。花有艳，竹成文，马燧对羊欣。山中梁宰相，树下汉将军。施帐解围嘉道韫，当垆沽酒叹文君。好景有期，北岭几枝梅似雪；丰年先兆，西郊千顷稼如云。

尧对舜，夏对殷，蔡惠对刘蕡。山明对水秀，五典对三坟。唐李杜，晋机云，事父

duì zhōng jūn　　yǔ qíng jiū huàn fù　　shuāng lěng yàn hū qún　　jiǔ liàng hóng
对忠君。雨晴鸠唤妇，霜冷雁呼群。酒量洪

shēn zhōu pú yè　　shī cái jùn yì bào cān jūn　　niǎo yì cháng suí　　fèng
深周仆射，诗才俊逸鲍参军。鸟翼长随，凤

xī xún zhòng qín zhǎng　　hú wēi bù jiǎ　　hǔ yě zhēn bǎi shòu zūn
兮洵众禽长；狐威不假，虎也真百兽尊。

shí　sān　yuán
十 三 元

yōu duì xiǎn　　jì duì xuān　　liǔ àn duì táo yuán　　yīng péng duì
幽对显，寂对喧，柳岸对桃源。莺朋对

yàn yǒu　　zǎo mù duì hán xuān　　yú yuè zhǎo　　hè chéng xuān　　zuì dǎn
燕友，早暮对寒暄。鱼跃沼，鹤乘轩，醉胆

duì yín hún　　qīng chén shēng fàn zèng　　jī xuě yōng yuán mén　　lǚ lǚ qīng
对吟魂。轻尘生范甑，积雪拥袁门。缕缕轻

yān fāng cǎo dù　　sī sī wēi yǔ xìng huā cūn　　yì què wáng tōng　　xiàn
烟芳草渡，丝丝微雨杏花村。诣阙王通，献

tài píng shí èr cè　　chū guān lǎo zi　　zhù dào dé wǔ qiān yán
太平十二策；出关老子，著道德五千言。

ér duì nǚ　　zǐ duì sūn　　yào pǔ duì huā cūn　　gāo lóu duì
儿对女，子对孙，药圃对花村。高楼对

suì gé　　chì bào duì xuán yuán　　fēi zǐ jì　　fū rén xuān　　kuàng yě duì
邃阁，赤豹对玄猿。妃子骑，夫人轩，旷野对

píng yuán　　páo bā néng gǔ sè　　bó shì shàn chuī xūn　　fù fù zǎo méi
平原。匏巴能鼓瑟，伯氏善吹埙。馥馥早梅

sī yì shǐ　　qī qī fāng cǎo yuàn wáng sūn　　qiū xī yuè míng　　sū zǐ
思驿使，萋萋芳草怨王孙。秋夕月明，苏子

黄岗游赤壁；春朝花发，石家金谷启芳园。

歌对舞，德对恩，犬马对鸡豚。龙池对凤沼，雨骤对云屯。刘向阁，李膺门，唤鹤对啼猿。柳遥春白昼，梅弄月黄昏，岁冷松筠皆有节，春喧桃李本无言。噪晚齐蝉，岁岁秋来泣恨；啼宵蜀鸟，年年春去伤魂。

十四寒

多对少，易对难，虎踞对龙蟠。龙舟对凤辇，白鹤对青鸾。风淅淅，露溥溥，绣毂对雕鞍。鱼游荷叶沼，鹭立蓼花滩。有酒阮貂奚用解，无鱼冯铗必须弹。丁固梦松，柯叶忽然生腹上；文郎画竹，枝梢倏尔长毫端。

寒对暑，湿对干，鲁隐对齐桓。寒毡对

nuǎn xí yè yǐn duì chén cān shū zǐ dài zhòng yóu guān jiá rǔ
暖席，夜饮对晨餐。叔子带，仲由冠，郏鄏
duì hán dān jiā hé yōu xià hàn shuāi liǔ nài qiū hán yáng liǔ lǜ
对邯郸。嘉禾忧夏旱，衰柳耐秋寒。杨柳绿
zhē yuán liàng zhái xìng huā hóng yìng zhòng ní tán jiāng shuǐ liú cháng huán
遮元亮宅，杏花红映仲尼坛。江水流长，环
rào sì qīng luó dài hǎi chán lún mǎn chéngmíng rú bái yù pán
绕似青罗带；海蟾轮满，澄明如白玉盘。

héng duì shù zhǎi duì kuān hēi zhì duì dàn wán zhū lián duì
横对竖，窄对宽，黑志对弹丸。朱帘对
huà dòng cǎi jiàn duì diāo lán chūn jì lǎo yè jiāng lán bǎi bì duì
画栋，彩槛对雕栏。春既老，夜将阑，百辟对
qiān guān huái rén chēng zú zú bào yì měi bān bān hào mǎ jūn wáng
千官。怀仁称足足，抱义美般般。好马君王
céng shì gǔ shí zhū chù shì jǐn sī gān shì yǎng shuāng xiān yuán lǐ
曾市骨，食猪处士仅思肝。世仰双仙，元礼
zhōu zhōng xié guō tài rén chēng lián bì xià hóu chē shàng bìng pān ān
舟中携郭泰，人称连璧，夏侯车上并潘安。

shí wǔ shān
十五删

xīng duì fèi fù duì pān lù cǎo duì shuāng jiān gē lián duì
兴对废，附对攀，露草对霜菅，歌廉对
jiè kòu xí kǒng duì xī yán shān lěi lěi shuǐ chán chán fèng bì duì
借寇，习孔对希颜。山垒垒，水潺潺，奉璧对
tàn huán lǐ yóu gōng dàn zuò shī běn zhòng ní shān lǘ kùn kè fāng jīng
探镮，礼由公旦作，诗本仲尼删。驴困客方经

瀬水，鸡鸣人已出函关。几夜霜飞，已有苍鸿辞北塞，数朝雾暗，岂无玄豹隐南山。

犹对尚，伲对悭，雾髻对烟鬟。莺啼对鹊噪，独鹤对双鹇。黄牛峡，金马山，结草对衔环。昆山惟玉集，合浦有珠还。阮籍旧能为眼白，老莱新爱着衣斑。栖迟避世人，草衣木食，窈窕倾城女，云鬓花颜。

姚对宋，柳对颜，赏善对惩奸。愁中对梦里，巧慧对痴顽。孔北海，谢东山，使越对征蛮，淫声闻濮上，离曲听阳关。骁将袍披仁贵白，小儿衣着老莱斑。茅舍无人，难却尘埃生榻上；竹亭有客，尚留风月在窗间。

下卷
<small>xià juàn</small>

一 先
<small>yī xiān</small>

晴对雨，地对天，天地对山川。山川对草木，赤壁对青田。郏鄩鼎，武城弦，木笔对苔钱。金城三月柳，玉井九秋莲。何处春朝风景好，谁家秋夜月华圆。珠缀花梢，千点蔷薇香露；练横树杪，几丝杨柳残烟。

前对后，后对先，众丑对孤妍。莺簧对蝶板，虎穴对龙渊。击石磬，观韦编，鼠目对鸢肩。春园花柳地，秋沼芰荷天。白羽频挥闲客坐，乌纱半坠醉翁眠。野店几家，羊角风摇沽酒旆；长川一带，鸭头波泛卖鱼船。

离对坎，震对乾，一日对千年，尧天对舜日，蜀水对秦川。苏武节，郑虔毡，涧壑对林泉。挥戈能退日，持管莫窥天。寒食芳辰花烂熳，中秋佳节月婵娟。梦里荣华，飘忽枕中之客，壶中日月，安闲市上之仙。

二　萧

恭对慢，吝对骄，水远对山遥。松轩对竹槛，雪赋对风谣。乘五马，贯双雕，烛灭对香消。明蟾常彻夜，骤雨不终朝。楼阁天凉风飒飒，关河地隔雨潇潇。几点鹭鸶，日暮常飞红蓼岸；一双鸂鶒，春朝频泛绿杨桥。

开对落，暗对昭，赵瑟对虞韶。轺车对驿骑，锦绣对琼瑶。羞攘臂，懒折腰，范甑对颜瓢。寒天鸳帐酒，夜月凤台箫。舞女腰肢杨柳软，佳人颜貌海棠娇。豪客寻春，南陌草青香阵阵；闲人避暑，东堂蕉绿影摇摇。

班对马，董对晁，夏昼对春宵。雷声对电影，麦穗对禾苗。八千路，廿四桥，总角对垂髫。露桃匀嫩脸，风柳舞纤腰。贾谊赋成伤鵩鸟，周公诗就托鸱鸮。幽寺寻僧，逸兴岂知俄尔尽；长亭送客，离魂不觉黯然消。

三 肴

风对雅，象对爻，巨蟒对长蛟。天文对地理，蟋蟀对螵蛸。龙夭矫，虎咆哮，北学对东胶。筑台须垒土，成屋必诛茅。潘岳不忘秋兴赋，边韶常被昼眠嘲，抚养群黎，已见国家隆治；滋生万物，方知天地泰交。

蛇对虺，蜃对蛟，麟薮对鹊巢。风声对月色，麦穗对桑苞。何妥难，子云嘲，楚甸对商郊。五音惟耳听，万虑在心包。葛被汤征因仇饷，楚遭齐伐责包茅。高矣若天，洵是圣人大道；淡而如水，实为君子神交。

牛对马，犬对猫，旨酒对嘉肴。桃红对柳绿，竹叶对松梢，藜杖叟，布衣樵，北野对东郊。白驹形皎皎，黄鸟语交交。花圃春残无客到，柴门夜永有僧敲。墙畔佳人，飘扬竞把秋千舞；楼前公子，笑语争将蹴鞠抛。

四豪 sì háo

琴对瑟，剑对刀，地迥对天高。峨冠对博带，紫绶对绯袍。煎异茗，酌香醪，虎兕对猿猱。武夫攻骑射，野妇务蚕缲。秋雨一川淇澳竹，春风两岸武陵桃。螺髻青浓，楼外晚山千仞；鸭头绿腻，溪中春水半篙。

刑对赏，贬对褒，破斧对征袍。梧桐对橘柚，枳棘对蓬蒿。雷焕剑，吕虔刀，橄榄对葡萄。一椽书舍小，百尺酒楼高。李白能诗时秉笔，刘伶爱酒每餔糟。礼别尊卑，拱北众星常灿灿；势分高下，朝东万水自滔滔。

瓜对果，李对桃，犬子对羊羔。春分对夏至，谷水对山涛。双凤翼，九牛毛，主逸对臣劳。水流无限阔，山耸有余高。雨打村童新牧笠，尘生边将旧征袍。俊士居官，荣列鹓鸿之序；忠臣报国，誓殚犬马之劳。

五　歌

山对水，海对河，雪竹对烟萝。新欢对旧恨，痛饮对高歌。琴再抚，剑重磨，媚柳对枯荷。荷盘从雨洗，柳线任风搓。饮酒岂知歌醉帽，观棋不觉烂樵柯。山寺清幽，直踞千寻云岭；江楼宏敞，遥临万顷烟波。

繁对简，少对多，里咏对途歌。宦情对旅况，银鹿对铜驼。刺史鸭，将军鹅，玉

律对金科。古堤垂嚲柳，曲沼长新荷。命驾
吕因思叔夜，引车蔺为避廉颇。千尺水帘，
今古无人能手卷；一轮月镜，乾坤何匠用功
磨。

霜对露，浪对波，径菊对池荷。酒阑
对歌罢，日暖对风和。梁父咏，楚狂歌，放
鹤对观鹅。史才推永叔，刀笔仰萧何。种橘
犹嫌千树少，寄梅谁信一枝多。林下风生，
黄发村童推牧笠；江头日出，皓眉鹤叟晒渔
蓑。

六 麻

松对柏，缕对麻，蚁阵对蜂衙。颒鳞对
白鹭，冻雀对昏鸦，白堕酒，碧沉茶，品笛

对吹笳。秋凉梧堕叶，春暖杏开花。雨长苔痕侵壁砌，月移梅影上窗纱。飒飒秋风，度城头之觱篥；迟迟晚照，动江上之琵琶。

优对劣，凸对凹，翠竹对黄花。松杉对杞梓，菽麦对桑麻。山不断，水无涯，煮酒对烹茶。鱼游池面水，鹭立岸头沙。百亩风翻陶令秫，一畦雨熟邵平瓜。闲捧竹根，饮李白一壶之酒；偶擎桐叶，啜卢仝七碗之茶。

吴对楚，蜀对巴，落日对流霞。酒钱对诗债，柏叶对松花。驰驿骑，泛仙槎，碧玉对丹砂。设桥偏送笋，开道竟还瓜。楚国大夫沉汨水，洛阳才子谪长沙。书箧琴囊，乃士流活计；药炉茶鼎，实闲客生涯。

七 阳

高对下，短对长，柳影对花香。词人对赋客，五帝对三王。深院落，小池塘，晚眺对晨妆。绛霄唐帝殿，绿野晋公堂。寒集谢庄衣上雪，秋添潘岳鬓边霜。人浴兰汤，事不忘于端午；客斟菊酒，兴常记于重阳。

尧对舜，禹对汤，晋宋对隋唐。奇花对异卉，夏日对秋霜。八叉手，九回肠，地久对天长。一堤杨柳绿，三径菊花黄。闻鼓塞兵方战斗，听钟宫女正梳妆。春饮方归，纱帽半淹邻舍酒；早朝初退，衮衣微惹御炉香。

荀对孟，老对庄，韩柳对垂杨。仙宫对梵宇，小阁对长廊。风月窟，水云乡，蟋蟀对螳螂。暖烟香霭霭，寒烛影煌煌。伍子欲酬渔父剑，韩生尝窃贾公香。三月韶光，常忆花明柳媚；一年好景，难忘橘绿橙黄。

八 庚

深对浅，重对轻，有影对无声。蜂腰对蝶翅，宿醉对余醒。天北缺，日东生，独卧对同行。寒冰三尺厚，秋月十分明。万卷书容闲客览，一樽酒待故人倾。心侈唐玄，厌看霓裳之曲；意骄陈主，饱闻玉树之赓。

虚对实，送对迎，后甲对先庚。鼓琴对舍瑟，搏虎对骑鲸。金匼匝，玉瑽琤，玉宇对金茎。花间双粉蝶，柳内几黄莺。贫里每甘藜藿味，醉中厌听管弦声。肠断秋闺，凉吹已侵重被冷；梦惊晓枕，残蟾犹照半窗明。

渔对猎，钓对耕，玉振对金声。雉城对雁塞，柳袅对葵倾。吹玉笛，弄银笙，阮杖对桓筝。墨呼松处士，纸号楮先生。露浥好花潘岳县，风搓细柳亚夫营，抚动琴弦，遽觉座中风雨至；哦成诗句，应知窗外鬼神惊。

九 青

红对紫，白对青，渔火对禅灯。唐诗对汉史，释典对仙经。龟曳尾，鹤梳翎，月榭对风亭。一轮秋夜月,几点晓天星。晋士只知山简醉,楚人谁识屈原醒。绣倦佳人,慵把鸳鸯文作枕;吮毫画者,思将孔雀写为屏。

行对坐,醉对醒,佩紫对纡青。棋枰对笔架,雨雪对雷霆。狂蛱蝶,小蜻蜓,水岸对沙汀。天台孙绰赋,剑阁孟阳铭。传信子卿千里雁,照书车胤一囊萤。冉冉白云,夜半高遮千里月;澄澄碧水,宵中寒映一天星。

书对史,传对经,鹦鹉对鹡鸰。黄茅对白荻,绿草对青萍。风绕铎,雨淋铃,水阁对山亭。渚莲千朵白,岸柳两行青。汉代宫中生秀柞,尧时阶畔长祥蓂。一枰决胜,棋子分黑白;半幅通灵,画色间丹青。

十　蒸

新对旧，降对升，白犬对苍鹰。葛巾对藜杖。涧水对池冰。张兔网，挂鱼罾，燕雀对鹏鹍。炉中煎药火，窗下读书灯。织锦逐梭成舞凤，画屏误笔作飞蝇。宴客刘公，座上满斟三雅爵；迎仙汉帝，宫中高插九光灯。

儒对士，佛对僧，面友对心朋。春残对夏老，夜寝对晨兴。千里马，九霄鹏，霞蔚对云蒸。寒堆阴岭雪，春泮水池冰。亚父愤生撞玉斗，周公誓死作金縢。将军元晖，莫怪人讥为饿虎；侍中卢昶，难逃世号作饥鹰。

规对矩，墨对绳，独步对同登。吟哦对讽咏，访友对寻僧。风绕屋，水襄陵，紫鹄对苍鹰。鸟寒惊夜月，鱼暖上春冰。扬子口中飞白凤，何郎鼻上集青蝇。巨鲤跃池，翻几重之密藻；颠猿饮涧，挂百尺之垂藤。

十一尤

荣对辱，喜对忧，夜宴对春游。燕关对楚水。蜀犬对吴牛。茶敌睡，酒消愁，青眼对白头。马迁修《史记》，孔子作《春秋》。适兴子猷常泛棹，思归王粲强登楼。窗下佳人，妆罢重将金插鬓；筵前舞妓，曲终还要锦缠头。

唇对齿，角对头，策马对骑牛。毫尖对

笔底，绮阁对雕楼。杨柳岸，荻芦洲，语燕对啼鸠。客乘金络马，人泛木兰舟。绿野耕夫春举耜，碧池渔父晚垂钩。波浪千层，喜见蛟龙得水；云霄万里，惊看雕鹗横秋。

庵对寺，殿对楼，酒艇对渔舟。金龙对彩凤，獭豸对童牛。王郎帽，苏子裘，四季对三秋。峰峦扶地秀，江汉接天流。一湾绿水渔村小，万里青山佛寺幽。龙马呈河，羲皇阐微而画卦；神龟出洛，禹王取法以陈畴。

十二侵

眉对目，口对心，锦瑟对瑶琴。晓耕对寒钓，晚笛对秋砧。松郁郁，竹森森，闵

损对曾参。秦王亲击缶，虞帝自挥琴。三献

卞和尝泣玉，四知杨震固辞金。寂寂秋朝，

庭叶因霜摧嫩色；沉沉春夜，砌花随月转清

阴。

前对后，古对今，野兽对山禽。犍牛对

牝马，水浅对山深。曾点瑟，戴逵琴，璞玉

对浑金。艳红花弄色，浓绿柳敷阴。不雨汤

王方剪爪，有风楚子正披襟。书生惜壮岁

韶华，寸阴尺璧；游子爱良宵光景，一刻千

金。

丝对竹，剑对琴，素志对丹心。千愁对

一醉，虎啸对龙吟。子罕玉，不疑金，往古对

来今。天寒邹吹律，岁旱傅为霖。渠说子规为

帝魄，侬知孔雀是家禽。屈子沉江，处处舟

中争系粽；牛郎渡渚，家家台上竞穿针。

十三覃

千对百，两对三，地北对天南。佛堂对仙洞，道院对禅庵。山泼黛。水浮蓝，雪岭对云潭。凤飞方翙翙，虎视已眈眈。窗下书生时讽咏，筵前酒客日酣酣。白草满郊，秋日牧征人之马；绿桑盈亩，春时供农妇之蚕。

将对欲，可对堪，德被对恩覃。权衡对尺度，雪寺对云庵。安邑枣，洞庭柑，不愧对无惭。魏征能直谏，王衍善清谈。紫梨摘去从山北，丹荔传来自海南。攘鸡非君子所为，但当月一；养狙是山公之智，止用朝三。

中对外，北对南，贝母对宜男。移山对浚井，谏苦对言甘。千取百，二为三，魏尚对周堪。海门翻夕浪，山市拥晴岚。新缔直投公子纻，旧交犹脱馆人骖。文达淹通，已咏冰兮寒过水；永和博雅，可知青者胜于蓝。

悲对乐，爱对嫌，玉兔对银蟾。醉侯对诗史，眼底对眉尖。风飙飙，雨绵绵，李苦对瓜甜。画堂施锦帐，酒市舞青帘。横槊赋诗传孟德，引壶酌酒尚陶潜。两曜迭明，日东生而月西出；五行式序，水下润而火上炎。

rú duì sì　jiǎn duì tiān　xiù mù duì zhū lián　tàn zhū
如对似，减对添，绣幕对珠帘。探朱

duì xiàn yù　lù lì duì yú qián　yù xiè fàn　shuǐ jīng yán　shǒu
对献玉，鹭立对鱼潜。玉屑饭，水晶盐，手

jiàn duì yāo lián　yàn cháo yī suì gé　zhū wǎng guà xū yán　duó shuò
剑对腰镰。燕巢依邃阁，蛛网挂虚檐。夺槊

zhì sān táng jìng dé　yì qí dì yī jìn wáng tián　nán pǔ kè guī
至三唐敬德，奕棋第一晋王恬。南浦客归，

zhàn zhàn chūn bō qiān qǐng jìng　xī lóu rén qiǎo　wān wān yè yuè yì gōu
湛湛春波千顷净；西楼人悄，弯弯夜月一钩

xiān
纤。

féng duì yù　yǎng duì zhān　shì jǐng duì lǘ yán　tóu zān duì
逢对遇，仰对瞻，市井对闾阎。投簪对

jié shòu　wò fà duì xiān rán　zhāng xiù mù　juǎn zhū lián　shí què
结绶，握发对掀髯。张绣幕，卷珠帘，石碏

duì jiāng yān　xiāo zhēng fāng sù sù　yè yǐn yǐ yān yān　xīn biǎn xiǎo
对江淹。宵征方肃肃，夜饮已厌厌。心褊小

rén cháng qī qī　lǐ duō jūn zǐ lǚ qiān qiān　měi cì shū wén　bèi
人长戚戚，礼多君子屡谦谦。美刺殊文，备

sān bǎi wǔ piān shī yǒng　jí xiōng yì huà　biàn liù shí sì guà yáo zhān
三百五篇诗咏；吉凶异画，变六十四卦爻占。

shí wǔ xián
十五咸

qīng duì zhuó　kǔ duì xián　yì qǐ duì sān jiān　yān suō
清对浊，苦对咸，一启对三缄。烟蓑

对雨笠，月榜对风帆。莺睍睆，燕呢喃，柳杞对松杉。情深悲素扇，泪痛湿青衫。汉室既能分四姓，周朝何用叛三监。破的而探牛心，豪矜王济；竖竿以挂犊鼻，贫笑阮咸。

能对否，圣对贤，卫瓘对浑瑊。雀罗对鱼网，翠巘对苍崖。红罗帐，白布衫，笔格对书函。蕊香蜂竞采，泥软燕争衔。凶孽誓清闻祖逖，王家能乂有巫咸。豁叟新居，渔舍清幽临水岸；山僧久隐，梵宫寂寞倚云岩。

冠对带，帽对衫，议鲠对言谗。行舟对御马，俗弊对民岩。鼠且硕，兔多毚，史册对书缄。塞城闻奏角，江浦认归帆。河水一源形弥弥，泰山万仞势岩岩。郑为武公，赋缁衣而美德；周因巷伯，歌贝锦以伤谗。

lì wēng duì yùn
笠翁对韵

qīng lǐ yú zhù
清·李渔 著

扫一扫　听诵读

shàng juàn
上 卷

yī dōng
一 东

tiān duì dì　　　yǔ duì fēng　　　dà lù duì cháng kōng　　shān huā
天对地，雨对风。大陆对长空。山花

duì hǎi shù　　chì rì duì cāng qióng　　léi yǐn yǐn　　　wù méng méng　　　rì
对海树，赤日对苍穹。雷隐隐，雾蒙蒙。日

xià duì tiān zhōng　　fēng gāo qiū yuè bái　　yǔ jì wǎn xiá hóng　　niú nǚ
下对天中。风高秋月白，雨霁晚霞红。牛女

èr xīng hé zuǒ yòu　　shēn shāng liǎng yào dǒu xī dōng　　shí yuè sài biān
二星河左右，参商两曜斗西东。十月塞边，

sà sà hán shuāng jīng shù lǚ　　sān dōng jiāng shàng　　màn màn shuò xuě lěng yú
飒飒寒霜惊戍旅；三冬江上，漫漫朔雪冷渔

wēng
翁。

hé duì hàn　　lǜ duì hóng　　yǔ bó duì léi gōng　　yān lóu duì
河对汉，绿对红。雨伯对雷公。烟楼对

xuě dòng　　yuè diàn duì tiān gōng　　yún ài dài　　rì tóng méng　　là jī
雪洞，月殿对天宫。云叆叇，日曈曚。蜡屐

四五

对渔蓬。过天星似箭，吐魄月如弓。驿旅客

逢梅子雨，池亭人挹藕花风。茅店村前，皓月

坠林鸡唱韵；板桥路上，青霜锁道马行踪。

山对海，华对嵩。四岳对三公。宫花

对禁柳，塞雁对江龙。清暑殿，广寒宫。拾

翠对题红。庄周梦化蝶，吕望兆飞熊。北牖

当风停夏扇，南帘曝日省冬烘。鹤舞楼头，

玉笛弄残仙子月；凤翔台上，紫箫吹断美人

风。

二 冬

晨对午，夏对冬。下饷对高舂。青春

对白昼，古柏对苍松。垂钓客，荷锄翁。仙

鹤对神龙。凤冠珠闪烁，螭带玉玲珑。三元

及第才千顷，一品当朝禄万钟。花萼楼间，仙李盘根调国脉；沉香亭畔，娇杨擅宠起边风。

清对淡，薄对浓。暮鼓对晨钟。山茶对石菊，烟锁对云封。金菡萏，玉芙蓉。绿绮对青锋。早汤先宿酒，晚食继朝饔。唐库金钱能化蝶，延津宝剑会成龙。巫峡浪传，云雨荒唐神女庙；岱宗遥望，儿孙罗列丈人峰。

繁对简，叠对重。意懒对心慵。仙翁对释伴，道范对儒宗。花灼灼，草茸茸。浪蝶对狂蜂。数竿君子竹，五树大夫松。高皇灭项凭三杰，虞帝承尧殛四凶。内苑佳人，满地风光愁不尽；边关过客，连天烟草憾无穷。

三 江
sān jiāng

奇对偶，只对双。大海对长江。金盘
jī duì ǒu　　zhī duì shuāng　　dà hǎi duì cháng jiāng　　jīn pán

对玉盏，宝烛对银缸。朱漆槛，碧纱窗。舞
duì yù zhǎn　　bǎo zhú duì yín gāng　　zhū qī jiàn　　bì shā chuāng　　wǔ

调对歌腔。兴汉推马武，谏夏著龙逄。四收
diào duì gē qiāng　　xīng hàn tuī mǎ wǔ　　jiàn xià zhù lóng páng　　sì shōu

列国群王伏，三筑高城众敌降。跨凤登台，
liè guó qún wáng fú　　sān zhù gāo chéng zhòng dí xiáng　　kuà fèng dēng tái

潇洒仙姬秦弄玉；斩蛇当道，英雄天子汉刘
xiāo sǎ xiān jī qín nòng yù　　zhǎn shé dāng dào　　yīng xióng tiān zǐ hàn liú

邦。
bāng

颜对貌，像对庞。步辇对徒杠。停针
yán duì mào　　xiàng duì páng　　bù niǎn duì tú gāng　　tíng zhēn

对搁笔，意懒对心降。灯闪闪，月幢幢。揽
duì gē bǐ　　yì lǎn duì xīn xiáng　　dēng shǎn shǎn　　yuè chuáng chuáng　　lǎn

辔对飞船。柳堤驰骏马，花院吠村龙。酒量
pèi duì fēi chuán　　liǔ dī chí jùn mǎ　　huā yuàn fèi cūn máng　　jiǔ liàng

微酡琼杏颊，香尘没印玉莲双。诗写丹枫，
wēi tuó qióng xìng jiá　　xiāng chén mò yìn yù lián shuāng　　shī xiě dān fēng

韩女幽怀流御水；泪弹斑竹，舜妃遗憾积湘
hán nǚ yōu huái liú yù shuǐ　　lèi tán bān zhú　　shùn fēi yí hàn jī yú

江。
jiāng

四支 (sì zhī)

泉对石，干对枝。吹竹对弹丝。山亭对水榭，鹦鹉对鸬鹚。五色笔，十香词。泼墨对传卮。神奇韩干画，雄浑李陵诗。几处花街新夺锦，有人香径淡凝脂。万里烽烟，战士边关争保塞；一犁膏雨，农夫村外尽乘时。

湨对醢，赋对诗。点漆对描脂。璠簪对珠履，剑客对琴师。沽酒价，买山资。国色对仙姿。晚霞明似锦，春雨细如丝。柳绊长堤千万树，花横野寺两三枝。紫盖黄旗，天象预占江左地；青袍白马，童谣终应寿阳儿。

箴对赞，缶对卮。萤炤对蚕丝。轻裾对长袖，瑞草对灵芝。流涕策，断肠诗。喉舌对腰肢。云中熊虎将，天上凤凰儿。禹庙千年垂橘柚，尧阶三尺覆茅茨。湘竹含烟，腰下轻纱笼玳瑁；海棠经雨，脸边清泪湿胭脂。

争对让，望对思。野葛对山栀。仙风对道骨，天造对人为。鱣诸剑，博浪椎。经纬对干支。位尊民物主，德重帝王师。望切不妨人去远，心忙无奈马行迟。金屋闭来，赋乞茂林题柱笔；玉楼成后，记须昌谷负囊词。

五微 wǔ wēi

贤对圣，是对非。觉奥对参微。鱼书对雁字，草舍对柴扉。鸡晓唱，雉朝飞。红瘦对绿肥。举杯邀月饮，骑马踏花归。黄盖能成赤壁捷，陈平善解白登危。太白书堂，瀑泉垂地三千丈；孔明祀庙，老柏参天四十围。

戈对甲，幄对帷。荡荡对巍巍。严滩对邵圃，靖菊对夷薇。占鸿渐，采凤飞。虎榜对龙旗。心中罗锦绣，口内吐珠玑。宽宏豁达高皇量，叱咤喑哑霸王威。灭项兴刘，狡兔尽时走狗死；连吴拒魏，貔貅屯处卧龙归。

衰对盛，密对稀。祭服对朝衣。鸡窗对雁塔，秋榜对春闱。乌衣巷，燕子矶。久别对初归。天姿真窈窕，圣德实光辉。蟠桃紫阙来金母，岭荔红尘进玉妃。霸王军营，亚父丹心撞玉斗；长安酒市，谪仙狂兴换银龟。

六　鱼

羹对饭，柳对榆。短袖对长裾。鸡冠对凤尾，芍药对芙蕖。周有若，汉相如。王屋对匡庐。月明山寺远，风细水亭虚。壮士腰间三尺剑，男儿腹内五车书。疏影暗香，和靖孤山梅蕊放；轻阴清昼，渊明旧宅柳条舒。

吾对汝，尔对余。选授对升除。书箱对药柜，耒耜对耰锄。参虽鲁，回不愚。阅阅对阎闾。诸侯千乘国，命妇七香车。采药闻仙人，踏雪寻梅策蹇驴。玉兔金乌，二气精灵为日月；洛龟河马，五行生克在图书。

欹对正，密对疏。囊橐对苞苴。罗浮对壶峤，水曲对山纡。骖鹤驾，待鸾舆。桀溺对长沮。搏虎卞庄子，当熊冯婕妤。南阳高士吟梁父，西蜀才人赋子虚。三径风光，白石黄花供杖屦；五湖烟景，青山绿水在樵渔。

笠翁对韵

七　虞

红对白，有对无。布谷对提壶。毛锥对羽扇，天阙对皇都。谢蝴蝶，郑鹧鸪。蹈海对归湖。花肥春雨润，竹瘦晚风疏。麦饭豆糜终创汉，莼羹鲈脍竟归吴。琴调轻弹，杨柳月中潜去听；酒旗斜挂，杏花村里其来沽。

罗对绮，茗对蔬。柏秀对松枯。中元对上巳，返璧对还珠。云梦泽，洞庭湖。玉烛对冰壶。苍头犀角带，绿鬓象牙梳。松阴白鹤声相应，镜里青鸾影不孤。竹户半开，对牖不知人在否？柴门深闭，停车还有客来无。

宾对主，婢对奴。宝鸭对金凫。升堂对入室，鼓瑟对投壶。觇合璧，颂联珠。提瓮对当垆。仰高红日近，望远白云孤。歆向秘书窥二酉，机云芳誉动三吴。祖饯三杯，老去常斟花下酒；荒田五亩，归来独荷月中锄。

君对父，魏对吴。北岳对西湖。菜蔬对茶荈，苣藤对菖蒲。梅花数，竹叶符。廷议对山呼。两都班固赋，八阵孔明图。田庆紫荆堂下茂，王裒青柏墓前枯。出塞中郎，羝有乳时归汉室；质秦太子，马生角日返燕都。

八 齐

鸾对凤，犬对鸡。塞北对关西。长生对益智，老幼对尨倪。颁竹策，剪桐圭。剥枣对蒸梨。绵腰如弱柳，嫩手似柔荑。狡兔能穿三穴隐，鹪鹩权借一枝栖。甪里先生，策杖垂绅扶少主；於陵仲子，辟纑织屦赖贤妻。

鸣对吠，泛对栖。燕语对莺啼。珊瑚对玛瑙，琥珀对玻璃。绛县老，伯州犁。测蠡对然犀。榆槐堪作荫，桃李自成蹊。投巫救女西门豹，赁浣逢妻百里奚。阙里门墙，陋巷规模原不陋；隋堤基址，迷楼踪迹亦全迷。

越对赵，楚对齐。柳岸对桃谿。纱窗对绣户，画阁对香闺。修月斧，上天梯。蝃蝀对虹霓。行乐游春圃，工谏病夏畦。李广不封空射虎，魏明得立为存麂。按辔徐行，细柳功成劳王敬；闻声稍卧，临泾名震止儿啼。

九　佳

门对户，陌对街。枝叶对根荄。斗鸡对挥麈，凤髻对鸾钗。登楚岫，渡秦淮。子犯对夫差。石鼎龙头缩，银筝雁翅排。百年诗礼延余庆，万里风云入壮怀。能辨名伦，死矣野哉悲季路；不由径窦，生乎愚也有高柴。

冠对履，袜对鞋。海角对天涯。鸡人对虎旅，六市对三街。陈俎豆，戏堆埋。皎皎对皑皑。贤相聚东阁，良朋集小斋。梦里山川书越绝，枕边风月记齐谐。三径萧疏，彭泽高风怡五柳；六朝华贵，琅琊佳气种三槐。

勤对俭，巧对乖。水榭对山斋。冰桃对雪藕，漏箭对更牌。寒翠袖，贵荆钗。慷慨对诙谐。竹径风声籁，花谿月影筛。携囊佳韵随时贮，荷锄沉酗到处埋。江海孤踪，雪浪风涛惊旅梦；乡关万里，烟峦云树切归怀。

杞对梓，桧对楷。水泊对山崖。舞裙对歌袖，玉陛对瑶阶。风入袂，月盈怀。虎兕对狼豺。马融堂上帐，羊侃水中斋。北面黉宫宜拾芥，东巡岱峙定燔柴。锦缆春江，横笛洞箫通碧落；华灯夜月，遗簪堕翠遍香街。

十　灰

春对夏，喜对哀。大手对长才。风清对月朗，地阔对天开。游阆苑，醉蓬莱。七政对三台。青龙壶老杖，白燕玉人钗。香风十里望仙阁，明月一天思子台。玉橘冰桃，王母几因求道降；莲舟藜杖，真人原为读书来。

朝对暮，去对来。庶矣对康哉。马肝对鸡肋，杏眼对桃腮。佳兴适，好怀开。朔雪对春雷。云移鸡鹊观，日晒凤凰台。河边淑气迎芳草，林下轻风待落梅。柳媚花明，燕语莺声浑是笑；松号柏舞，猿啼鹤唳总成哀。

忠对信，博对赅。忖度对疑猜。香消对烛暗，鹊喜对蛩哀。金花报，玉镜台。倒斝对衔杯。岩巅横老树，石磴覆苍苔。雪满山中高士卧，月明林下美人来。绿柳沿堤，皆因苏子来时种；碧桃满观，尽是刘郎去后栽。

十一真

莲对菊，凤对麟。浊富对清贫。渔庄对佛舍，松盖对花茵。萝月叟，葛天民。国宝对家珍。草迎金埒马，花醉玉楼人。巢燕

三春尝唤友，塞鸿八月始来宾。古往今来，
谁见泰山曾作砺；天长地久，人传沧海几扬
尘。

兄对弟，吏对民。父子对君臣。勾丁
对甫甲，赴卯对同寅。折桂客，簪花人。四
皓对三仁。王乔云外舄，郭泰雨中巾。人交
好友求三益，士有贤妻备五伦。文教南宣，
武帝平蛮开百越；义旗西指，韩侯扶汉卷三
秦。

申对午，侃对訚。阿魏对茵陈。楚兰
对湘芷，碧柳对青筠。花馥馥，叶蓁蓁。粉
颈对朱唇。曹公奸似鬼，尧帝智如神。南阮
才郎羞北富，东邻丑女效西颦。色艳北堂，
草号忘忧忧甚事？香浓南国，花名含笑笑何
人？

shí èr wén
十二文

yōu duì xǐ　qī duì xīn　wǔ diǎn duì sān fén　fó jīng
忧对喜，戚对欣。五典对三坟。佛经

duì xiān yǔ　xià nòu duì chūn yún　pēng zǎo jiǔ　jiǎn chūn qín　mù
对仙语，夏耨对春耘。烹早韭，剪春芹。暮

yǔ duì zhāo yún　zhú jiān xié bái jiē　huā xià zuì hóng qún　zhǎng wò
雨对朝云。竹间斜白接，花下醉红裙。掌握

líng fú wǔ yuè lù　yāo xuán bǎo jiàn qī xīng wén　jīn suǒ wèi kāi
灵符五岳箓，腰悬宝剑七星纹。金锁未开，

shàng xiàng qū tīng gōng lòu yǒng　zhū lián bàn juǎn　qún liáo yǎng duì yù lú
上相趋听宫漏永；珠帘半卷，群僚仰对御炉

xūn
薰。

cí duì fù　lǎn duì qín　lèi jù duì qún fēn　luán xiāo
词对赋，懒对勤。类聚对群分。鸾箫

duì fèng dí　dài cǎo duì xiāng yún　yān xǔ bǐ　hán liǔ wén　jiù
对凤笛，带草对香芸。燕许笔，韩柳文。旧

huà duì xīn wén　hè hè zhōu nán zhòng　piān piān jìn yòu jūn　liù guó
话对新闻。赫赫周南仲，翩翩晋右军。六国

shuì chéng sū zǐ guì　liǎng jīng shōu fù guō gōng xūn　hàn què chén shū
说成苏子贵，两京收复郭公勋。汉阙陈书，

kǎn kǎn zhōng yán tuī jiǎ yì　táng tíng duì cè　yán yán zhí jiàn yǒu liú
侃侃忠言推贾谊；唐廷对策，岩岩直谏有刘

fén
蕡。

言对笑，绩对勋。鹿豕对羊羵。星冠对月扇，把袂对书裙。汤事葛，说兴殷。萝月对松云。西池青鸟使，北塞黑鸦军。文武成康为一代，魏吴蜀汉定三分。桂苑秋宵，明月三杯邀曲客；松亭夏日，薰风一曲奏桐君。

十三元

卑对长，季对昆。永巷对长门。山亭对水阁，旅舍对军屯。杨子渡，谢公墩。德重对年尊。承乾对出震，叠坎对重坤。志士报君思犬马，仁王养老察鸡豚。远水平沙，有客泛舟桃叶渡；斜风细雨，何人携榼杏花村。

君对相，祖对孙。夕照对朝曛。兰台对桂殿，海岛对山村。碑堕泪，赋招魂。报怨对怀恩。陵埋金吐气，田种玉生根。相府珠帘垂白昼，边城画阁动黄昏。枫叶半山，秋去烟霞堪倚杖；梨花满地，夜来风雨不开门。

十四寒

家对国，治对安。地主对天官。坎男对离女，周诰对殷盘。三三暖，九九寒。杜撰对包弹。古壁蛩声匝，闲亭鹤影单。燕出帘边春寂寂，莺闻枕上漏珊珊。池柳烟飘，日夕郎归青锁闼；砌花雨过，月明人倚玉栏杆。

肥对瘦，窄对宽。黄犬对青鸾。指环对腰带，洗钵对投竿。诛佞剑，进贤冠。画栋对雕栏。双垂白玉箸，九转紫金丹。陕右棠高怀召伯，河南花满忆潘安。陌上芳春，弱柳当风披彩线；池中清晓，碧荷承露捧珠盘。

行对卧，听对看。鹿洞对鱼滩。蛟腾对豹变，虎踞对龙蟠。风凛凛，雪漫漫。手辣对心酸。莺莺对燕燕，小小对端端。蓝水远从千涧落，玉山高并两峰寒。至圣不凡，嬉戏六龄陈俎豆；老莱大孝，承欢七衮舞斑斓。

十五删

林对坞，岭对峦。昼永对春闲。谋深对望重，任大对投艰。裙袅袅，佩珊珊。守塞对当关。密云千里合，新月一钩弯。叔宝君臣皆纵逸，重华父母是嚚顽。名动帝畿，西蜀三苏来日下；壮游京洛，东吴二陆起云间。

临对仿，吝对悭。讨逆对平蛮。忠肝对义胆，雾发对云鬟。埋笔冢，烂柯山。月貌对天颜。龙潜终得跃，鸟倦亦知还。陇树飞来鹦鹉绿，池筠密处鹧鸪斑。秋露横江，苏子月明游赤壁；冻云迷岭，韩公雪拥过蓝关。

下卷 (xià juàn)

一 先 (yī xiān)

寒对暑，日对年。蹴踘对秋千。丹山对碧水，淡雨对覃烟。歌宛转，貌婵娟。雪鼓对云笺。荒芦栖南雁，疏柳噪秋蝉。洗耳尚逢高士笑，折腰肯受小儿怜。郭泰泛舟，折角半垂梅子雨；山涛骑马，接䍦倒着杏花天。

轻对重，肥对坚。碧玉对青钱。郊寒对岛瘦，酒圣对诗仙。依玉树，步金莲。凿井对耕田。杜甫青宵立,边韶白昼眠。豪饮客吞波底月,酣游人醉水中天。斗草青郊,几行宝马嘶金勒;看花紫陌,千里香车拥翠钿。

吟对咏,授对传。乐矣对凄然。风鹏对雪雁,董杏对周莲。春九十,岁三千。钟鼓对管弦。入山逢宰相,无事即神仙。霞映武陵桃淡淡,烟荒隋堤柳绵绵。七碗月团,啜罢清风生腋下;三杯云液,饮余红雨晕腮边。

中对外,后对先。树下对花前。玉柱对金屋,叠嶂对平川。孙子策,祖生鞭。盛席对华筵。解醉知茶力,消愁识酒权。丝剪芰荷开冻沼,锦妆凫雁泛温泉。帝女衔石,海中遗魄为精卫;蜀王叫月,枝上游魂化杜鹃。

二　箫

琴对管，斧对瓢。水怪对花妖。秋声对春色，白缣对红绡。臣五代，事三朝。斗柄对弓腰。醉客歌金缕，佳人品玉箫。风定落花闲不扫，霜余残叶湿难烧。千载兴周，尚父一竿投渭水；百年霸越，钱王万弩射江潮。

荣对悴，夕对朝。露地对云霄。商彝对周鼎，殷濩对虞韶。樊素口，小蛮腰。六诏对三苗。朝天车奕奕，出塞马萧萧。公子幽兰重泛舸，王孙芳草正联镳。潘岳高怀，曾向秋天吟蟋蟀；王维清兴，尝于雪夜画芭蕉。

耕对读，牧对樵。琥珀对琼瑶。兔毫对鸿爪，桂楫对兰桡。鱼潜藻，鹿藏蕉。水远对山遥。湘灵能鼓瑟，嬴女解吹箫。雪点寒梅横小院，风吹弱柳覆平桥。月牖通宵，绛蜡罢时光不减；风帘当昼，雕盘停后篆难消。

三　肴

诗对礼，卦对爻。燕引对莺调。晨钟对暮鼓，野馔对山肴。雉方乳，鹊始巢。猛虎对神獒。疏星浮荇叶，皓月上松梢。为邦自古推瑚琏，从政于今愧斗筲。管鲍相知，能交忘形胶漆友；蔺廉有隙，终为刎颈死生交。

歌对舞，笑对嘲。耳语对神交。焉鸟对亥豕，獭髓对鸾胶。宜久敬，莫轻抛。一气对同胞。祭遵甘布被，张禄念绨袍。花径风来逢客访，柴扉月到有僧敲。夜雨园中，一颗不雕王子柰；秋风江上，三重曾卷杜公茅。

衙对舍，廪对庖。玉磬对金铙。竹林对梅岭，起凤对腾蛟。鲛绡帐，兽锦袍。露果对风梢。扬州输橘柚，荆土贡菁茅。断蛇埋地称孙叔，渡蚁作桥识宋郊。好梦难成，蛩响阶前偏唧唧；良朋远到，鸡声窗外正嘐嘐。

四豪

茭对茨，荻对蒿。山麓对江皋。莺簧对蝶板，麦浪对松涛。骐骥足，凤凰毛。美誉对嘉褒。文人窥蠹简，学士书兔毫。马援南征载薏苡，张骞西使进葡萄。辩口悬河，万语千言常亹亹；词源倒峡，连篇累牍自滔滔。

梅对杏，李对桃。栈朴对旌旄。酒仙对诗史，德泽对恩膏。悬一榻，梦三刀。拙逸对贵劳。玉堂花烛绕，金殿月轮高。孤山看鹤盘云下，蜀道闻猿向月号。万事从人，有花有酒应自乐；百年皆客，一丘一壑尽吾豪。

台对省，署对曹。分袂对同袍。鸣琴对击剑，返辙对回艚。良借箸，操提刀。香茶对醇醪。滴泉归海大，篑土积山高。石室客来煎雀舌，画堂宾至饮羊羔。被谪贾生，湘水凄凉吟鵩鸟；遭谗屈子，江潭憔悴著《离骚》。

五　歌

微对巨，少对多。直干对平柯。蜂媒对蝶使，雨笠对烟蓑。眉淡扫，面微酡。妙舞对清歌。轻衫裁夏葛，薄袂剪春罗。将相兼行唐李靖，霸王杂用汉萧何。月本阴精，岂有羿妻曾窃药；星为夜宿，浪传织女漫投梭。

慈对善，虐对苛。缥缈对婆娑。长杨对细柳，嫩蕊对寒莎。追风马，挽日戈。玉液对金波。紫诏衔丹凤，黄庭换白鹅。画阁江城梅作调，兰舟野渡竹为歌。门外雪飞，错认空中飘柳絮；岩边瀑响，误疑天半落银河。

松对竹，荇对荷。薜荔对藤萝。梯云对步月，樵唱对渔歌。升鼎雉，听经鹅。北海对东坡。吴郎哀废宅，邵子乐行窝。丽水良金皆待冶，昆山美玉总须磨。雨过皇州，琉璃色灿华清瓦；风来帝苑，荷芰香飘太液波。

笼对槛，巢对窝。及第对登科。冰清对玉润，地利对人和。韩擒虎，荣驾鹅。青女对素娥。破头朱泚笏，折齿谢鲲梭。留客

jiǔ bēi yīng hèn shǎo　　dòng rén shī jù bù xū duō　　lǜ yě níng yān
酒杯应恨少，动人诗句不须多。绿野凝烟，

dàn tīng cūn qián shuāng mù dí　　cāng jiāng jǐ xuě　　wéi kàn tān shàng yì yú
但听村前双牧笛；沧江积雪，惟看滩上一渔

suō
蓑。

liù　　　má
六　麻

qīng duì zhuó　　měi duì jiā　　bǐ lìn duì jīn kuā　　huā xū
清对浊，美对嘉。鄙吝对矜夸。花须

duì liǔ yǎn　　wū jiǎo duì yán yá　　zhì hé zhái　　bó wàng chá　　qiū
对柳眼，屋角对檐牙。志和宅，博望槎。秋

shí duì chūn huá　　qián lú pēng bái xuě　　kūn dǐng liàn dān shā　　shēn xiāo
实对春华。乾炉烹白雪，坤鼎炼丹砂。深宵

wàng lěng shā chǎng yuè　　biān sài tīng cán yě shù jiā　　mǎn yuàn sōng fēng
望冷沙场月，边塞听残野戍笳。满院松风，

zhōng shēng yǐn yǐn wéi sēng shè　　bàn chuāng huā yuè　　xī yǐng yī yī shì dào
钟声隐隐为僧舍；半窗花月，锡影依依是道

jiā
家。

léi duì diàn　　wù duì xiá　　yǐ zhèn duì fēng yá　　jì méi
雷对电，雾对霞。蚁阵对蜂衙。寄梅

duì huái jú　　niàng jiǔ duì pēng chá　　yí nán cǎo　　yì mǔ huā　　yáng
对怀橘，酿酒对烹茶。宜男草，益母花。杨

liǔ duì jiān jiā　　bān jī cí dì niǎn　　cài yǎn qì hú jiā　　wǔ xiè
柳对兼葭。班姬辞帝辇，蔡琰泣胡笳。舞榭

歌楼千万尺，竹篱茅舍三两家。珊枕半床，月明时梦飞塞外；银筝一奏，花落处人在天涯。

圆对缺，正对斜。笑语对咨嗟。沈腰对潘鬓，孟笋对卢茶。百舌鸟，两头蛇。帝里对仙家。尧仁敷率土，舜德被流沙。桥上授书曾纳履，壁间题句已笼纱。远塞迢迢，露碛风沙何可极；长沙渺渺，雪涛烟浪信无涯。

疏对密，朴对华。义鹘对慈鸦。鹤群对雁阵，白苎对黄麻。读三到，吟八叉。肃静对喧哗。围棋兼把钓，沉李并浮瓜。羽客片时能煮石，狐禅千劫似蒸沙。党尉粗豪，金帐笼香斟美酒；陶生清逸，银铛融雪啜团茶。

七阳 qī yáng

台对阁，沼对塘。朝雨对夕阳。游人对隐士，谢女对秋娘。三寸舌，九回肠。玉液对琼浆。秦皇照胆镜，徐肇返魂香。青萍夜啸芙蓉匣，黄卷时摊薜荔床。元亨利贞，天地一机成化育；仁义礼智，圣贤千古立纲常。

红对白，绿对黄。昼永对更长。龙飞对凤舞，锦缆对牙樯。云弁使，雪衣娘。故国对他乡。雄文能徙鳄，艳曲为求凰。九日高峰惊落帽，暮春曲水喜流觞。僧占名山，云绕茂林藏古殿；客栖胜地，风飘落叶响空廊。

衰对壮，弱对强。艳饰对新妆。御龙对司马，破竹对穿杨。读班马，识求羊。水色对山光。仙棋藏绿橘，客枕梦黄粱。池草入诗因有梦，海棠带恨为无香。风起画堂，帘箔影翻青行沼；月斜金井，辘轳声度碧梧墙。

臣对子，帝对王。日月对风霜。乌台对紫府，雪牖对云房。香山社，昼锦堂。蔀屋对岩廊。芬椒涂内壁，文杏饰高梁。贫女幸分东壁影，幽人高卧北窗凉。绣阁探春，丽日半笼青镜色；水亭醉夏，薰风常透碧筒香。

八 庚

形对貌，色对声。夏邑对周京。江云对涧树，玉磬对银筝。人老老，我卿卿。晓燕对春莺。玄霜春玉杵，白露贮金茎。贾客君山秋弄笛，仙人缑岭夜吹笙。帝业独兴，尽道汉高能用将；父书空读，谁言赵括善知兵。

功对业，性对情。月上对云行。乘龙对附骥，阆苑对蓬瀛。春秋笔，月旦评。东作对西成。隋珠光照乘，和璧价连城。三箭三人唐将勇，一琴一鹤赵公清。汉帝求贤，诏访严滩逢故旧；宋廷优老，年尊洛社重耆英。

昏对旦，晦对明。久雨对新晴。蓼湾对花港，竹友对梅兄。黄石叟，丹丘生。犬吠对鸡鸣。暮山云外断，新水月中平。半榻清风宜午梦，一犁好雨趁春耕。王旦登庸，误我十年迟作相；刘蕡不第，愧他多士早成名。

九　青

庚对甲，己对丁。魏阙对彤庭。梅妻对鹤子，珠箔对银屏。鸳浴沼，鹭飞汀。鸿雁对鹡鸰。人间寿者相，天上老人星。八月好修攀桂斧，三春须系护花铃。江阁凭临，一水净连天际碧；石栏闲倚，群山秀向雨余青。

危对乱，泰对宁。纳陛对趋庭。金盘对玉箸，泛梗对浮萍。群玉圃，众芳亭。旧典对新型。骑牛闲读史，牧豕自横经。秋首田中禾颖重，春余园内菜花馨。旅次凄凉，塞月江风皆惨淡；筵前欢笑，燕歌赵舞独娉婷。

十 蒸

萍对蓼，莆对菱。雁弋对鱼罾。齐纨对鲁绮，蜀锦对吴绫。星渐没，日初升。九聘对三征。萧何曾作吏，贾岛昔为僧。贤人视履循规矩，大匠挥斤校准绳。野渡春风，人喜乘潮移酒舫；江天暮雨，客愁隔岸对渔灯。

谈对吐，谓对称。冉闵对颜曾。侯嬴对伯嚭，祖逖对孙登。抛白纻，宴红绫。胜友对良朋。争名如逐鹿，谋利似趋蝇。仁杰姨惭周不仕，王陵母识汉方兴。句写穷愁，浣花寄迹传工部；诗吟变乱，凝碧伤心叹右丞。

十一尤

荣对辱，喜对忧。缱绻对绸缪。吴娃对越女，野马对沙鸥。茶解渴，酒消愁。白眼对苍头。马迁修《史记》，孔子作《春秋》。莘野耕夫闲举耜，渭滨渔父晚垂钩。龙马游河，羲帝因图而画卦；神龟出洛，禹王取法以明畴。

冠对履，舄对裘。院小对庭幽。画墙对漆地，错智对良筹。孤嶂耸，大江流。芳泽对园丘。花潭来越唱，柳屿起吴讴。莺懒燕忙三月雨，蛩摧蝉退一天秋。钟子听琴，荒径入林山寂寂；谪仙捉月，洪涛接岸水悠悠。

鱼对鸟，鹖对鸠。翠馆对红楼。七贤对三友，爱日对悲秋。虎类狗，蚁如牛。列辟对诸侯。陈唱临春乐，隋歌清夜游。空中事业麒麟阁，地下文章鹦鹉洲。旷野平原，猎士马蹄轻似箭；斜风细雨，牧童牛背稳如舟。

十二侵
shí èr qīn

歌对曲，啸对吟。往古对来今。山头
gē duì qǔ　xiào duì yín　wǎng gǔ duì lái jīn　shān tóu

对水面，远浦对遥岑。勤三上，惜寸阴。茂
duì shuǐ miàn　yuǎn pǔ duì yáo cén　qín sān shàng　xī cùn yīn　mào

树对平林。卞和三献玉，杨震四知金。青皇
shù duì píng lín　biàn hé sān xiàn yù　yáng zhèn sì zhī jīn　qīng huáng

风暖催芳草，白帝城高急暮砧。绣虎雕龙，
fēng nuǎn cuī fāng cǎo　bái dì chéng gāo jí mù zhēn　xiù hǔ diāo lóng

才子窗前挥彩笔；描鸾刺凤，佳人帘下度金
cái zǐ chuāng qián huī cǎi bǐ　miáo luán cì fèng　jiā rén lián xià dù jīn

针。
zhēn

登对眺，涉对临。瑞雪对甘霖。主欢
dēng duì tiào　shè duì lín　ruì xuě duì gān lín　zhǔ huān

对民乐，交浅对言深。耻三战，乐七擒。顾
duì mín lè　jiāo qiǎn duì yán shēn　chǐ sān zhàn　lè qī qín　gù

曲对知音。大车行槛槛，驷马骤骎骎。紫电
qǔ duì zhī yīn　dà chē xíng jiàn jiàn　sì mǎ zhòu qīn qīn　zǐ diàn

青虹腾剑气，高山流水识琴心。屈子怀君，
qīng hóng téng jiàn qì　gāo shān liú shuǐ shí qín xīn　qū zǐ huái jūn

极浦吟风悲泽畔；王郎忆友，扁舟卧雪访山
jí pǔ yín fēng bēi zé pàn　wáng láng yì yǒu　piān zhōu wò xuě fǎng shān

阴。
yīn

十三覃

宫对阙，座对龛。水北对天南。蜃楼对蚁郡，伟论对高谈。遵杞梓，树楩楠。得一对函三。八宝珊瑚枕，双珠玳瑁簪。萧王待士心惟赤，卢相欺君面独蓝。贾岛诗狂，手拟敲门行处想；张颠草圣，头能濡墨写时酣。

闻对见，解对谙。三橘对双柑。黄童对白叟，静女对奇男。秋七七，径三三。海色对山岚。鸾声何哕哕，虎视正眈眈。仪封疆吏知尼父，函谷关人识老聃。江相归池，止水自盟真是止；吴公作宰，贪泉虽饮亦何贪？

shí sì yán

十四盐

宽对猛，冷对炎。清直对尊严。云头对雨脚，鹤发对龙髯。凤台谏，肃堂廉。保泰对鸣谦。五湖归范蠡，三径隐陶潜。一剑成功堪佩印，百钱满卦便垂帘。浊酒停杯，容我半酣愁际饮；好花傍座，看他微笑悟时拈。

连对断，减对添。淡泊对安恬。回头对极目，水底对山尖。腰袅袅，手纤纤。凤卜对鸾占。开田多种粟，煮海尽成盐。居同九世张公艺，恩给千人范仲淹。箫弄凤来，秦女有缘能跨羽；鼎成龙去，轩臣无计得攀髯。

人对己，爱对嫌。举止对观瞻。四知对三语，义正对辞严。勤雪案，课风檐。漏箭对书笺。文繁归獭祭，体艳别香奁。昨夜题诗更一字，早春来燕卷重帘。诗以史名，愁里悲歌怀杜甫；笔经人索，梦中显晦老江淹。

十五咸

栽对植，雉对芟。二伯对三监。朝臣对国老，职事对官衔。鹿麌麌，兔毚毚。启牍对开缄。绿杨莺睍睆，红杏燕呢喃。半篱白酒娱陶令，一枕黄粱度吕岩。九夏炎飙，长日风亭留客骑；三冬寒冽，漫天雪浪驻征帆。

梧对杞，柏对杉。夏濩对韶咸。洞滹对溱洧，巩洛对崤函。藏书洞，避诏岩。脱俗对超凡。贤人羞献媚，正士嫉工谗。霸越谋臣推少伯，佐唐藩将重浑瑊。邺下狂生，羯鼓三挝羞锦袄；江州司马，琵琶一曲湿青衫。

袍对笏，履对衫。匹马对孤帆。琢磨对雕镂，刻划对镌镵。星北拱，日西衔。卮漏对鼎馋。江边生桂若，海外树都咸。但得恢恢存利刃，何须咄咄达空函。彩凤知音，乐典后夔须九奏；金人守口，圣如尼父亦三缄。